AF348252

Séance du 12 juin 1878

RAPPORT

sur

L'AMÉNAGEMENT DES EAUX

PAR

Ch. COTARD, ingénieur.

EXPOSÉ SOMMAIRE

Parmi les questions qui intéressent la prospérité agricole et industrielle des différents pays, il n'en est pas qui préoccupent plus vivement l'opinion publique, ni de plus urgentes que celles qui concernent l'utilisation et l'aménagement des eaux. Soit qu'on veuille prévenir le fléau des inondations et féconder le sol par l'irrigation et le colmatage, soit qu'on cherche à développer la force motrice des chutes d'eau au service de l'industrie et à répandre la circulation par de plus nombreux canaux de transport, l'ensemble de ces intérêts importe plus aujourd'hui aux pays agricoles que tous autres travaux d'utilité publique.

Il n'y a plus à insister aujourd'hui sur les admirables résultats de l'irrigation, qui triple, quadruple et décuple même la valeur des terres. Le but à poursuivre est d'en répandre le bienfait sur les contrées qui en sont aujourd'hui privées, et c'est l'irrigation pratiquée ainsi sur une grande échelle, qui offrira un emploi fécond aux eaux surabondantes qui produisent les crues.

Tandis que d'immenses masses d'eau se précipitent dans la mer, entraînant avec elles d'énormes quantités de limons fertilisants, et qu'elles dévastent parfois sur leur passage les plus riches vallées, les parties élevées du pays, après avoir été ravinées par les pluies, restent souvent en proie à des sécheresses qui y détruisent toute culture, tarissent les canaux et exposent les usines aux chômages.

Il y a là un dommage incalculable, qui ne provient que de la mauvaise distribution des eaux. Ce n'est pas seulement une perte de revenu, c'est un appauvrissement continu du sol qui s'épuise peu à peu, malgré tous les efforts de l'industrie agricole.

La situation est d'autant plus grave, que les maladies qui ont atteint plusieurs produits, et en particulier la vigne, laissent certaines contrées dans l'impossibilité de recourir à d'autres cultures, à cause de la sécheresse dont elles souffrent, de telle sorte que, là où la vigne a été détruite, il ne reste souvent plus que le désert.

Pendant la période d'une trentaine d'années qui vient de s'écouler, il s'est fait d'immenses travaux. Les chemins de fer se sont construits et ont ouvert leurs merveilleuses voies de transport. Mais à présent, ce sont plutôt les produits à transporter qui manquent aux nouvelles lignes qu'on veut établir. Les moyens de transport ne sont en effet que des instruments de travail, et quand ils suffisent aux besoins, ce n'est que dans un accroissement de la production du sol qu'on peut chercher une nouvelle source de richesses.

C'est donc vers l'agriculture qu'il convient maintenant de diriger tous les efforts. Or, de toutes les améliorations, la plus importante est celle qui a pour but une meilleure utilisation des eaux.

Jusqu'à présent, au lieu de chercher à retenir les masses d'eau descendant des parties élevées du territoire, on n'a vu dans toutes ces richesses qu'un danger et un fléau. On ne s'est préoccupé que d'en garantir les riverains. Les endiguements qu'on a élevés à cet effet ont eu pour conséquence, en épuisant les réservoirs supérieurs, d'augmenter encore la hauteur des crues et de les rendre plus redoutables.

La solution du problème consiste, au contraire, à retenir ces eaux sur les hauteurs et à les recevoir dans un vaste réseau de canaux de faîte et de dérivation, de façon à retarder autant que possible leur écoulement et à ne les rendre à leurs lits naturels qu'après les avoir méthodiquement employées à l'irrigation, à l'alimentation des canaux de transport et en forces motrices.

Les eaux que les terrains imperméables ne peuvent retenir, qui viennent inonder les vallées et menacer les villes, seraient ainsi conduites sur les terres qui en ont besoin et qui peuvent les absorber. Répandues à la surface du sol, elles s'infiltreraient dans la terre, et les sources, que l'on voit peu à peu tarir, réapparaîtraient plus abondantes et plus régulières. Loin donc d'être amoindris, les différents cours d'eau qui recevraient toutes ces infiltrations verraient leur régime se régulariser. Leur étiage se relèverait et les grandes crues seraient, sinon évitées, du moins très-diminuées. Ces cours d'eau, dont le débit deviendrait plus uniforme, seraient, au moyen d'écluses, rendus navigables en toute saison sur une grande partie de leur parcours. Les canaux supérieurs ouvriraient en même temps de nouvelles voies de communication entre les différentes vallées, faciliteraient l'établissement de tous les canaux de navigation qui seraient jugés utiles, et pourraient mettre de puissantes forces hydrauliques à la disposition de l'industrie, sans porter aucun préjudice à l'agriculture.

Cette distribution rationnelle des eaux rendrait au pays une humidité bienfaisante, tout en évitant la formation de marais insalubres que l'approvisionnement d'eaux courantes supérieures permettrait de dessécher et d'assainir. Enfin, les reboisements, si utiles pour la fixation des terres sur les pentes rapides, ne seraient plus entravés par les conditions de vaine pâture et de transhumance dont souffrent encore certaines contrées et que la meilleure répartition de la culture ferait disparaître.

La vaste canalisation qui serait l'instrument et la conséquence de cette œuvre de l'aménagement des eaux, permettrait d'ouvrir de nouvelles artères de communication par eau, qui constitueraient le complément rationnel des réseaux de voies ferrées, car ils offriraient à un centime et demi par tonne et par kilomètre des transports que les chemins de fer les mieux organisés ne peuvent que difficilement effectuer à moins de 4 centimes.

Cette canalisation permettrait enfin de créer de nombreuses et puissantes forces motrices qui seraient, dans ce temps de consommation de plus en plus grande de combustible, une ressource précieuse et une richesse considérable pour un grand nombre de localités. Les forces qui pourraient être ainsi utilisées représentent une puissance de travail de beaucoup supérieure à celle qui est obtenue par la totalité des machines à vapeur fixes et mobiles actuellement employées sur toute la surface de chaque pays.

Une appréciation erronée des conditions du problème général de l'aménagement des eaux avait fait considérer comme isolés et parfois même comme opposés les uns aux autres tous ces intérêts de l'agriculture, de la navigation et de l'industrie. Ces intérêts sont, au contraire, en parfaite harmonie et se prêtent un mutuel concours. C'est même parce qu'on a voulu les séparer qu'on n'est parvenu à donner satisfaction à aucun d'eux, et que certaines entreprises exclusives d'irrigation, de navigation ou de forces motrices n'ont pas toujours donné de bons résultats.

Pendant qu'on se dispute les faibles quantités d'eau actuellement disponibles, des masses énormes se perdent sans profit pour personne. On n'a pas été assez frappé de cette vérité, que le plus sûr moyen d'assurer à la navigation et à l'industrie toute l'eau qui leur est nécessaire, c'est d'en donner le plus possible à l'agriculture, car les eaux, répandues pour le service des irrigations à la surface du sol, retournent, lentement et par infiltration, dans le lit des rivières, dont le cours devient alors plus constant et plus régulier.

Les travaux qui ont eu pour but exclusif d'améliorer la navigation des fleuves, les dragages, les rectifications et les endiguements du lit des rivières, ont accru la tendance naturelle des eaux à accélérer sans cesse leur chute, et, à ce point de vue, ils ont été contre le but à atteindre. Ces travaux, dont l'effet a encore été augmenté par les assainissements, les curages de fossés, les drainages et les desséchements d'étangs, pour lesquels on a eu dans ces derniers temps un engouement particulier, ont parfois augmenté le mal en aggravant le régime torrentiel des cours d'eau. Chacun a tiré à soi, aveuglément, et l'eau a manqué à tout le monde.

Il est clair, cependant, qu'en creusant et en endiguant les fleuves, sans prendre d'abord le soin de constituer des réserves d'eau suffisantes dans les parties élevées de leurs bassins, on marche de plus en plus rapidement vers cet état funeste où, comme dans les pays déjà déserts, les fleuves dessèchent la terre au lieu de l'arroser.

Il n'est guère de pays, dans le monde, que cette question

de l'aménagement des eaux n'intéresse au plus haut degré.

Les plaines fertiles de la Hongrie souffrent alternativem ent de terribles inondations et de grandes sécheresses.

Les contrées méridionales de la Russie, drainées par les fleuves qui les traversent, n'attendent plus leurs récoltes que des hasards de l'atmosphère.

L'Espagne, si admirablement favorisée par le relief et la nature de son sol, et qui n'aurait qu'à continuer l'œuvre admirable des Arabes, pourrait, en utilisant ses magnifiques cours d'eau, fertiliser d'immenses espaces que la sécheresse rend stériles.

L'Égypte verra doubler sa fortune lorsqu'un canal dérivé du Nil, à sa première cataracte, viendra répandre ses eaux sur le milieu des terres ; ce canal, en rendant à l'agriculture tous les bras employés aujourd'hui à puiser dans le fleuve, ouvrira ainsi une grande voie navigable d'un bout à l'autre de ce riche territoire. Des barrages faits dans le haut Nil permettraient de reconstituer le régime du bassin ancien et de faire revivre une immense étendue de déserts qui décupleraient la puissance et l'étendue de ce pays.

C'est surtout en considérant ce vaste bassin du Nil, aujourd'hui réduit, comme surface cultivable, à une étroite vallée, qu'on peut se rendre compte de l'effet produit par l'écoulement naturel des eaux, quand elles sont abandonnées à elles-mêmes.

Les parties élevées de ce bassin, autrefois arrosées par de nombreux bras du fleuve principal, ne sont plus aujourd'hui

qu'un immense désert produit par l'abaissement successif des cataractes et l'épuisement des réservoirs supérieurs.

Quelques rares *oasis* y apparaissent encore ; ce sont les derniers vestiges d'anciennes rivières dont les lits desséchés portent maintenant dans le pays le nom de *bahar-bala-ma*, ou *fleuves sans eau*.

L'antiquité fournit de nombreux exemples des résultats obtenus par l'irrigation.

Les contrées de l'Orient n'ont pas toujours été arides comme elles le sont aujourd'hui. La splendeur et la puissance des empires d'Assyrie et de Perse sont contemporaines d'immenses travaux de canalisation.

Considérée à ce point de vue, l'histoire de ces temps reculés permet de conclure de documents nombreux, que le sort de tous ces pays a été attaché à l'existence d'une vaste canalisation, qui permit de résister longtemps aux guerres et aux invasions, et dont la destruction entraîna finalement la perte de cette antique civilisation.

On peut citer, à ce sujet, cette belle inscription de Sémiramis trouvée par Alexandre aux frontières de la Scythie :

« *J'ai contraint les fleuves de couler où je voulais, et je n'ai voulu que là où il était utile ; j'ai rendu féconde la terre stérile en l'arrosant de mes fleuves.* »

Dans ce temps, les institutions qui protégeaient l'usage des eaux étaient confondues avec le culte religieux. Elles constituaient un pouvoir supérieur à celui du prince, et avaient le sanctuaire pour asile.

C'est ainsi que le prophète Daniel fut intendant général des eaux et qu'aujourd'hui encore, après tous les bouleversements que la Perse a subis, cette fonciton s'y est nominalement conservée sous le titre de *Mir-ab* ou Prince des eaux.

Sans remonter à des époques si éloignées, on peut citer les grands travaux de canalisation de l'Inde, exécutés pendant ce siècle; un immense canal dérivé du Gange, à sa sortie des monts Himalaya, emprunte à ce fleuve les sept huitièmes de son débit à l'étiage, c'est-à-dire près de 200 mètres cubes par seconde, pour les porter sur le Doab, province de plus de quatre millions d'hectares et peuplée de six millions d'habitants.

La création de ce *fleuve artificiel*, sorte de *Gange de l'art*, eut pour résultat de transporter la navigation des bas fonds de la vallée, où elle souffrait de toutes les irrégularités du régime du fleuve, sur les faîtes du Doab, et d'ouvrir une alimentation perpétuelle à l'irrigation d'un pays immense.

D'autres contrées, aujourd'hui improductives, pourraient être rendues à la culture par des travaux analogues en empruntant aux fleuves qui les traversent une portion des eaux qu'ils roulent inutilement à la mer.

La Lombardie offre aussi un grand exemple des résultats que l'irrigation peut produire.

Dans ces derniers temps, on ne peut guère signaler que quelques travaux de moindre importance ; ce sont des dérivations prises à des points peu élevés, d'un faible volume et n'arrosant que des surfaces de médiocre étendue.

De grandes dérivations jetant des quantités d'eau considé-rables sur les plateaux séparatifs des vallées peuvent seules changer les mauvaises conditions dont souffrent les contrées exposées aux sécheresses.

Là, le cultivateur est livré aux hasards des bonnes et mau-vaises années, des années pluvieuses ou sèches. Il y est con-damné au dur labeur de la prairie artificielle.

Dans les bonnes années, il manque de bétail et le paie cher ; dans les mauvaises, il en a trop et le vend mal : c'est une perte dans les deux cas. Aussi, point d'élevage possible.

Les contrées qui se trouvent dans cette situation sont malheureusement, dans tous les pays, les plus étendues. Les quantités d'eau qui se perdent sans profit suffiraient partout à la transformation de la culture si elles étaient convenable-ment aménagées.

L'œuvre à poursuivre est donc de distribuer rationnelle-ment les eaux, considérées comme la véritable richesse du territoire, en les prenant là où elles sont surabondantes et nuisibles pour les porter sur les points où elles sont un élé-ment de fécondité, de telle sorte que les bienfaits de leur meilleure utilisation s'étendent sur tout le pays.

La France, aussi bien que les autres pays, a cette œuvre à entreprendre.

De nombreux projets de grandes dérivations ont déjà été étudiés et proposés.

Des dérivations du Rhône permettraient de porter des eaux bienfaisantes sur les coteaux et les plaines du sud de cette vallée.

Les eaux des Pyrénées, si abondantes, en été surtout, pourraient être conduites sur les faîtes qui séparent les affluents de la Garonne et de l'Adour de façon à être mises à la disposition de l'agriculture et de l'industrie de toute cette contrée.

Une canalisation analogue permettrait également de recueillir les eaux surabondantes qui descendent du massif montagneux du centre de la France, ainsi que des autres parties élevées du territoire où le sol n'est pas perméable, et de les utiliser pour l'arrosage de tout le pays.

La Société des agriculteurs de France a depuis longtemps appelé l'attention sur l'importance de cette œuvre. Elle a également indiqué le besoin urgent de cartes à grande échelle avec courbes de niveau par altitudes assez rapprochées. Ces cartes sont indispensables pour faire naître et éclairer les initiatives privées et déterminer les applications à réaliser dans les différentes localités.

Saisie, à ses sessions de 1876 et 1877, par la section du génie rural, et d'une manière plus précise encore et plus pressante, de cette question, prise à son point de vue le plus général, la Société des agriculteurs de France a manifesté hautement l'importance capitale qu'elle attachait à l'*aménagement des eaux*, considéré aux divers points de vue : de l'*irrigation*, qui peut féconder les sols les plus stériles ; de la *navigation*, qui permet les transports à bas prix ; des *forces hydrauliques*, si avantageuses pour l'industrie ; et enfin des *inondations*, dont les désastres affligent trop souvent des contrées entières.

C'est à la suite des vœux émis à ce sujet par cette Société, qu'a été instituée au mois d'octobre dernier, au Ministère des travaux publics, une *Commission supérieure de l'aménagement des eaux*, en vue d'étudier la question dans son ensemble.

Cette grande œuvre intéresse tous les pays. Le *Congrès international d'agriculture*, qui appelle à lui tous ceux qui peuvent apporter leur part de travail, d'expérience et de renseignements, est une occasion qu'on doit saisir pour en poursuivre l'étude et en montrer l'importance.

Il est grand temps que ces travaux, forcément négligés pendant la période que nous venons de traverser, où toutes les forces ont été absorbées par la construction des chemins de fer, soient enfin sérieusement entrepris. C'est une œuvre immense, mais qui se fera progressivement et avec certitude de bénéfices considérables. Ce sera une nouvelle carrière presque indéfinie ouverte à de grands travaux qui seront, pour la richesse même du sol et les transports économiques, ce que les chemins de fer ont été pour les communications rapides.

Tous les pays trouveront, dans l'exécution de ces grandes œuvres d'utilité publique, une nouvelle période de travail et de prospérité.

Le Rapporteur,

Cʜ. COTARD.

Le *Congrès international d'agriculture*, après avoir entendu la lecture de ce document et en avoir approuvé les principes, émet le vœu :

Que les gouvernements, informés de l'institution en France d'une commission supérieure de l'aménagement des eaux au Ministère des travaux publics, demandent que des délégués de leurs nations puissent suivre les travaux de cette commission.

Paris, le 12 juin 1878.

CORBEIL. Typ. et stér. de CRÉTÉ.

SOCIÉTÉ DES AGRICULTEURS DE FRANCE

Secrétariat général : 1, rue Le Peletier

COMMISSION DU GÉNIE RURAL

CONGRÈS INTERNATIONAL D'AGRICULTURE

EN 1878, A PARIS

Programme des travaux de la 6ᵉ section, Génie rural.

1° *Mercredi*, 12 juin. — De la culture à vapeur et de son application au défrichement et à la mise en valeur des terrains incultes.

M. DECAUVILLE AÎNÉ, rapporteur.

2° *Jeudi*, 13. — De l'aménagement des eaux ; des irrigations dans les divers climats et les divers pays.
Desséchements.

M. CH. COTARD, rapporteur.

3° *Vendredi*, 14. — De l'utilisation des eaux d'égout.

M. DURAND-CLAYE, rapporteur.

4° *Samedi*, 15. — Des chemins de fer économiques et de l'usage des voies ferrées dans les exploitations agricoles.

MM. CHABRIER et le comte DE SALIS, rapporteurs.

5° *Lundi*, 17. — Des installations et du matériel agricole, notamment des moissonneuses et des faucheuses.
Exploitation des grands espaces avec un personnel restreint.

MM. RAOUL DUVAL et le comte DE FLEURIEU, rapporteurs.

<table>
<tr><td>Le Secrétaire,</td><td>Le Président,</td></tr>
<tr><td>A. LIÉBAUT.</td><td>F. R. DUVAL.</td></tr>
</table>